LACORDAIRE.

ÉTUDE CATHOLIQUE ET LITTÉRAIRE.

Par l'Abbé Th. WEISS,
Curé à Urbeis.

A STRASBOURG,

Chez Dérivaux, libraire, *Rue des Hallebardes, 24.*

1846.

LACORDAIRE.

Perdam sapientiam
sapientium.
I. Corinth. I. 19.

Un prédicateur célèbre s'est fait entendre dans la
cathédrale de Strasbourg. Il a cessé de nous parler...
et nous écoutons encore. — Nous écoutons encore,
moins pour abreuver nos ames aux eaux vivifiantes de
l'éloquence sacrée, que pour demander à notre senti-
ment intime l'impression qu'il a subie, et à notre juge-
ment l'appréciation qu'il doit faire des conférences du
père Lacordaire.

Maintenant donc que la chaire est veuve de ces élo-
quents discours, qui ont attiré autour d'elle une foule
empressée, qu'il nous soit permis à nous, infime au-

diteur, de nous rendre compte de ce que nous avons éprouvé, de ce qui a agi sur notre pensée, et de formuler ces résultats intellectuels sous le double rapport du catholicisme et de l'art.

Lorsqu'apparait un homme doué d'éminentes facultés et déjà entouré d'une auréole de célébrité, on se préoccupe de sa personnalité ; on aspire à connaître une vie qui s'est frayée une voie lumineuse et qui dès lors est conquise à la publicité. Ce désir est légitime, et il a, d'ailleurs, sa nécessité ; car il est rare que la vie d'un homme dont le nom est devenu retentissant, ne présente de graves enseignements, ne contribue à l'appréciation de ses œuvres, ou, ce qui est mieux encore, qu'elle ne leur donne plus d'influence, comme à son mérite plus de relief.

Nous ne redirons point des détails biographiques qui sont maintenant connus de tout le monde et qui, d'ailleurs, se trouvent consignés dans des notices rédigées avec un mérite tout particulier. (*)

(*) Voir notamment : — *la galerie des contemporains illustres*, *et la biographie du clergé contemporain, par un Solitaire.* — Il a été publié dans le feuilleton de l'Impartial du Rhin, du 7 mars 1846, un article biographique, reproduction écourtée de l'ouvrage du Solitaire.

De cette vie nous ne voulons saisir que le fait qui la domine et la résume : c'est celui de la conversion soudaine du jeune avocat qui, s'étant posé en ennemi de Dieu et du Christianisme, s'est transformé en ardent lévite, en orateur sacré.

L'humble croyant vit et meurt avec la foi de ses pères. La foi de charbonnier sera toujours la plus haute et la plus sûre philosophie. Mais il est des esprits vifs, pénétrants et téméraires qui, s'énivrant de leur supériorité, veulent s'affranchir de la domination de ce que la faible intelligence humaine doit accepter et non discuter; rien ne semble leur devoir rester inaccessible. Ils nient et combattent par une déplorable aberration, comme étant *contre* la raison, ce qui est au-*dessus* de la raison; ils recommencent et révisent les siècles : puis, quand ces esprits se sont heurtés à l'absurde et sont arrivés au bords des gouffres du néant, ils reculent effrayés et déposent soudain l'orgueil de leur folle révolte aux pieds de la suprême et infinie sagesse. C'est elle alors, qui verse en leur sein ses abondants trésors, les choisit et les place, aux yeux de tous, comme de grands luminaires, afin que l'éclat de leurs erreurs et de leur conversion, manifeste au monde entier la puissance de celui qui, en brisant l'orgueil des esprits superbes, glorifie la foi des humbles, soutient celle des chancelants, et appelle celle des incrédules. — Et la voix de Dieu dit à ces hommes. «Allez! annoncez aux peuples la véritable loi; » portez en témoignage; soyez en la vivante manifes-» tation.

Ainsi de Paul, le persécuteur des chrétiens, devenu l'une des principales colonnes du Christianisme. Ainsi d'Augustin prenant place parmi les docteurs de l'Église.

Ces miraculeux exemples séparés de vous par des siècles, ne peuvent plus vous trouver incrédules, vous qui n'admettez que ce qui frappe vos yeux. Car ce miracle s'est reproduit parmi nous. Et déjà n'avez vous pas vu MM. de Ravignan et de Bonnechose, abdiquer les hautes positions de la magistrature dont ils étaient l'honneur et l'espoir, pour se consacrer à l'église? Lacordaire a été au milieu de vous. Ne méconnaissez pas le doigt de Dieu. Aucun prétexte n'est laissé à votre incrédulité, ni aucune possibilité à l'invocation des causes humaines.

Ce n'est point une existence usée et déçue, ou écrasée sous l'immensité du malheur, qui s'éloigne du monde; c'est au milieu de la plus brillante florescence de l'âge, qu'un homme, promis par un haut talent, par une célébrité rapidement acquise, à tous les succès de l'ambition, immole une existence vierge de la foudre des calamités, à l'accomplissement d'une austère et sainte mission.

Et lorsque vous voyez cet homme revêtu, non de la mître, mais du froc d'un simple moine, ne laisser à son avenir que de rudes labeurs, ne parlez pas d'ambition; et lorsqu'enfin vous entendez le puissant écrivain, l'éloquent orateur, surgissant dans la chaire de vérité, se livrer à la prédication de cette doctrine dont la semence fut confiée par le Christ à douze pauvres et simples pêcheurs, humiliez à votre tour votre intelligence orgueilleuse, adorez et croyez.

Car tel est le plus haut enseignement que nous offre avec MM. de Ravignan et Bonnechose, le père Lacordaire : — la prosternation de notre intelligence devant la divine croyance, l'immolation de l'orgueil humain, la proclamation de la foi. — L'orgueil ! l'orgueil ! — source du mal; l'orgueil qui perdit les anges déchus !

· Il faut le reconnaître : la parole de Lacordaire a pour elle l'influence d'une autorité non moins puissante que son éloquence. Il est bien, lui, un argument de la doctrine, un apôtre suscité de la foi dont il ranime le feu. Son ame parle par son esprit et cette ame doit réveiller la foi parce qu'elle a la foi. Aussi ne l'avons nous pas entendu s'écrier : « tout homme qui parle sans être » convaincu, commet une infamie; et s'il est prêtre, » il accomplit un crime. »

Des temps nouveaux sont arrivés pour le Catholicisme; une position nouvelle lui a été créée. Il a lutté contre les séculaires délires d'innombrables hérésies; et de cette lutte longue et gigantesque, il n'est resté que le triomphe; — plus près de nos jours, il a combattu les attaques de l'athéisme, de l'incrédulité philosophique, les sarcasmes et le ridicule; et si, un instant, les démolisseurs de l'ordre social ont pu croire que le Catholicisme, en France, resterait écrasé et en-

seveli sous les ruines des temples surmontés d'échaf-
fauds, leur espoir est resté confondu lorsqu'il s'est re-
levé sur ces débris sanglants.

Mais après cet immense ouragan, après ces boule-
versements religieux, sociaux et politiques, les intelligences se sont courbées vers la terre et le marasme, à
l'égard de la religion, a atteint la masse des esprits des
générations qui ont vécu ou sont nées sous ces tem-
pêtes.

Elles n'ont plus en elles le désir et la force de l'ag-
gression ou du combat; il n'y a plus de persécuteurs
athées, déistes, rationalistes ou philosophes; plus de
voix qui s'écrie ou qui répète : « écrasons l'infâme! »
le ridicule même a péri sous la condamnation du bon
goût. — Mais l'indifférence a envahi les ames; on ne
dit plus seulement : « *que sais-je*? mais encore; » *que
m'importe*? On se targue d'une haute et dédaigneuse
neutralité; on admirera la poésie biblique, nos vieilles
cathédrales gothiques, et puis on croira avoir tout fait
en se drapant, *de la morale universelle.... des prin-
cipes d'honnête homme......de la raison...* déclarés
avec une incroyable assurance, suffire à la conduite humaine. L'intelligence ainsi endormie à l'ombre léthi-
fère de l'indifférentisme, ne se réveille et n'a d'activité
que pour s'attacher avec fureur aux intérêts matériels, se
précipitant ainsi dans des dégradations fangeuses, dans
une corruption effrenée qui deshonore notre siècle et
épouvante jusqu'à une publicité impuissante.

Dans cet état de choses, de nouveaux devoirs, une mission nouvelle est imposée à l'Eglise : arracher les ames à la torpeur, les retirer du bourbier des passions terrestres.

Cette mission a été comprise par Lacordaire; il a été, comme on dit, droit au cœur de la question : il s'est attaché à la prédication de la foi au Dogme — car les préceptes de la morale n'ont d'observance à attendre, d'efficacité à obtenir que par une sanction supérieure, dominatrice de l'humanité ; et cette sanction n'existe et ne peut exister que dans le Dogme. La morale, sans le Dogme qui, par cette sanction divine, en assure l'accomplissement, la morale n'est qu'une lettre morte; ses préceptes disparaissent devant chaque passion ; chaque intérêt lui passe sur le corps ; elle ne saurait être un frein. Ce n'est plus qu'un vêtement d'hypocrisie.

Rétablir la foi au Dogme, comme seule et unique base de la vertu humaine, prendre ainsi l'édifice par la base, voilà ce qu'a fait Lacordaire ; telle est, et nous croyons bien la comprendre, la tâche qu'il a entreprise et qu'il accomplit.

Il marche donc, le courageux et puissant athlète, à la restauration de la foi catholique.

Mais il se présente sous un aspect tout spécial ; avec lui la prédication a changé de face; elle revêt un caractère inconnu jusqu'à ce jour, au fond comme polémique, à la forme comme œuvre oratoire.

Examinons la sous le premier point de vue.

Jusqu'alors la prédication était restée sur le terrain catholique ; la controverse n'était point montée dans la chaire ; le combat se livrait hors du temple, par la plume et par la presse. Pendant ce temps, les sciences arrivaient à de nouvelles conquêtes, les horizons historiques s'agrandissaient par de profondes investigations et de merveilleuses découvertes, les gouvernements disparaissaient broyés par des révolutions incessantes, la liberté livrait ses combats, fondait ses constitutions, les tribunes politiques et judiciaires retentissaient d'accents nouveaux.

Et alors que ces choses s'accomplissaient, ces paroles étaient jetées : « l'Eglise catholique se meurt dans son
» immobilité ; elle réprouve le progrès humain et la
» liberté ; elle ne peut vivre avec eux ; le monde actuel
» l'a dépassée ; elle n'est plus en consonnance avec les
» temps modernes ; le prêtre n'est plus que l'homme
» d'un autre âge : la chaire catholique n'est plus qu'une
» tribune sans écho. »

Et voilà, ce disant, que dans cette chaire apparait un prêtre qui est né et a marché avec le siécle, qui, homme d'étude, s'est initié à toutes les découvertes des sciences, qui, homme du monde, a suivi tous les progrès de la civilisation, qui, philosophe, sait des philosophes tous les systèmes, qui, écrivain politique, a compris et défendu toutes les libertés, leurs droits mais aussi leurs limites ; le voilà.... et dans cette chaire il fait monter avec lui les sciences, l'histoire, les arts, le progrès, la liberté, tout le monde nouveau enfin, à côté du monde ancien. Au nom de la religion il interrogera toutes les conquêtes, tout le savoir, tous les évènements du siècle ; il réunira tous leurs témoignages et en projettera la lumière, comme une éclatante et nouvelle démonstration, sur l'immuable base de l'Eglise catholique.

Il nous fera voir que les temps dans leurs évolutions et leurs viscissitudes, la civilisation dans sa marche, les connaissances humaines dans leur progrès, loin d'ébranler ou d'affaiblir cette base, viennent incessamment y déposer le tribut d'une consolidation non passagère, mais divine, puisqu'elle sort des œuvres de Dieu. Il nous montrera le Catholicisme, ce seul et puissant régénérateur du monde ancien, le seul émancipateur de la dignité et de la liberté humaine, s'alliant avec tous les progrès de l'intelligence, s'harmonisant avec toutes les formes d'une vraie et sage liberté.

A ces enseignements d'un ordre nouveau , à cette prédication d'un genre inconnu, se plaçant de plain-pied avec le siècle, s'emparant de tout son savoir encyclopédique, sont accourus et accourent les flots pressés de la multitude. Si la tribune sacrée a maintenant un immense retentissement, c'est que loin d'être un *anachronisme,* comme l'a dit un écrivain peu judicieux, la prédication de Lacordaire est un parfait synchronisme.

C'est spécialement aux intelligences cultivées, aux esprits élevés, aux classes supérieures que s'adresse sa parole. C'est là l'auditoire qu'il lui faut et qu'il convoque autour de lui. Il sait, pour y avoir vécu de la vie de tous, ce qui se passe dans le monde ; il sait que le mal est en haut, à la tête, et que, de là, la gangrène gagne les parties inférieures ; à ces savants, à ces hommes d'élite fiers de leur talent, de leur science ou de leur esprit, il faut apprendre avec succès : « *que si un peu de science éloi-* « *gne de la religion, beaucoup de science y ramène.* »

A lui donc les sommités intellectuelles du siècle ! si, comme nous l'avons dit, il prend l'édifice de la religion par la base, il prend la société par son faîte.

Telle est l'œuvre entreprise par le nouveau soldat de la foi, et l'on sait avec quel succès.

———

Quel est maintenant le caractère humain, artistique, et littéraire de cette prédication ?

Le talent oratoire de Lacordaire est d'une puissance

sans parallèle et se produit sous des formes aussi nouvelles que le thème même de la prédication.

Ne demandez pas à ses discours les formes antiques et
solennelles de la chaire Catholique ; n'y cherchez point
une œuvre construite de tout point par la plume, ache-
vée dans ses derniers contours et confiée à la mémoire.
Il n'a point la diction académique de Fléchier, véhé-
mente de Bourdaloue, onctueuse de Massillon ; ce n'est
point non plus la phrase majestueuse de Bossuet,
alliant la haute et grave éloquence de Démosthènes à
la profondeur de Tacite.

Son éloquence a des allures toutes autres : c'est un
improvisateur aux évolutions prestes et rapides ; sa
parole incisive, pleine de verve et de vigueur, vous
saisit par le pittoresque ; l'imagination, la poésie, sura-
bondent en lui et viennent colorer jusqu'aux discus-
sions les plus métaphysiques.

Sa voix, limitée par une frêle constitution, ne retentit
point en éclats sonores ; son action oratoire n'est ni vé-
hémente, ni impétueuse ; mais cette voix d'un timbre
clair, mais cette diction qui, à l'exemple de la tribune
politique et du barreau surtout, a répudié la forme
déclamatoire, vient vous apporter de vibrantes impres-
sions ; elle captive votre pensée et ne la laisse point res-
pirer, tant cette parole a de jets vifs, ardents et éblouis-
sants ! tant elle vous enlace, tant elle vous presse !

La chaire de l'Eglise n'a plus rien à envier à la tribune politique et judiciaire.

Et que maintenant les bénédictions du Seigneur fassent, de plus en plus fructifier les travaux de foi, au sein de nos jeunes générations dont le cœur aspire aux bonnes et saintes croyances.

Qu'elles sachent que si le Catholicisme est immobile en ses Dogmes, en ses vérités divines, cette immobilité est celle d'un phare immense, inébranlable, qui projette son éclat sur le monde entier ; que c'est à sa lumière que marche, grandit, se développe, se transforme le génie humain, et que vit la liberté.

Si, selon notre faiblesse que nous avons moins consultée que notre zèle et notre admiration, nous avons tracé ces lignes, cette appréciation au moins consciencieuse d'un des plus glorieux enfants et défenseurs de l'Eglise, c'est qu'il nous a semblé qu'il y avait pour l'Alsace catholique surtout, un évènement à consacrer. Lorsqu'il nous a été donné à nous tous, d'entendre le plus puissant prédicateur de la foi, la manifester et la défendre, sous les voûtes de l'œuvre la plus magnifique de la foi catholique, n'oublions pas qu'il est pour nous un devoir de pieuse reconnaissance à accomplir ; celui de rendre grâces au digne et savant Prélat qui gouverne le diocèse : il n'a pas voulu qu'il

manquât à la religion un triomphe, aux fidèles un ali-
ment et une consolation, à tous enfin un providentiel
et incitatif exemple.

Urbeis, le 2 mai 1846.